AF599712

No morir

Este libro ha sido impreso con papel 100% reciclado.

lasturaediciones.com / info@lasturaediciones.com

Colección Alcalima, n.º 239
Dirige la colección: Isabel Miguel

Editado en Madrid, España.

Primera edición: julio, 2024

Depósito Legal: M-15333-2024
ISBN: 978-84-128790-1-8

Impreso en Antequera, Málaga (España)

Luisa Miñana

NO MORIR

Colección Alcalima de Poesía N.º 239

«¿Quién es el tercero que camina siempre a tu lado? / Cuando cuento, sólo estamos tú y yo juntos / pero cuando miro adelante por el camino blanco / siempre hay otro caminando a tu lado».

Lo que dijo el Trueno, *Tierra baldía,* T.S. Eliot

«Allá me oirás mejor. Estaré más cerca de ti. Encontrarás más cercana la voz de mis recuerdos que la de mi muerte, si es que alguna vez la muerte ha tenido alguna voz».

Pedro Páramo, Juan Rulfo

«Porque la razón no se acerca a la verdad, pero la inteligencia es poderosa y, una vez conducida por la razón hasta las puertas, tiene la capacidad de acercarse a la verdad».

Tratado IX - Sobre el entender y el sentir,
Corpus Hermeticum, Hermes Trimegisto

1/ Biografía

«Mire el mundo entero con el loco aquel que lleva usted en la frente».

María la Curandera, en *De todas las flores*,
Natalia Lafourcade

«Tan sola / y sin embargo navegamos en la misma nave errante / pero nuestra añoranza nos lleva a distintas metas / y allí en la encrucijada tú dices tu adiós».

Tan sola, *El viento de la oscuridad*, María Wine

«Más sutiles que los de la historia son los colores de los cartógrafos».

El mapa, *Norte y Sur*, Elisabeth Bishop

BORN

Lo que ya no encuentro. La memoria
insiste en excavar. El sol sobre la tarde, como siempre,
los años ardiendo intensamente.

¿En qué pienso si digo como siempre?

El sol. Tu mano alta. Mi voz pequeña.
Lo que ya no encuentro, ni en los secretos. Lo reinvento.
El mar y las manzanas, el verano.
Lo que ya no persigo. Tus pasos poderosos
y mis pasos al aire. El camino feliz
de los tranvías desplazando las ruinas.

Sobre las ruinas hoy ondean las banderas.
Autos de fe y hogueras sobre la arqueología.
La ruina de las ruinas,
etiquetadas, aunque irreconocibles.
Los embalsamadores de la memoria, los que gritan
con lengua esclerotizada. Los antropófagos,
sus altavoces, mi hueco. Lo que me han extirpado.
Mis huecos bajo el sol.
Tu mano firme y alta al final de una ligera guayabera
azul celeste. Mi voz pequeña
sujeta en trenzas y lazos blancos.
Tu sombra larga y mi sombra diminuta,
el sol rotundo junto al mar.

Lo que ya no encuentro sino en mí, el mapa
invisible de la memoria. Duele la amputación.
Las vidas duelen
que ya no puedo convocar. Hay que bajar hasta la luz.
Rehabitar las sombras. Así que apago las hogueras.
Arranco las banderas y los mástiles.
Árbol.
Y yo en las ramas. Sin.
Ondea largamente hacia adentro el sol.

TIEMPO

Todo tiempo es infancia y Luna
No hago pie Dejad que me balancee
en el aire como el mar
¿Qué manos me sostienen?
En la oscuridad el aire es el camino
Avanzo Las mareas
y las nubes ponen rostro a las sombras
que caminan por la Luna
No hago pie
Dejad que me balancee sobre el horizonte,
dadme la mano:
el tiempo sigue hilando:
la Luna emerge cada noche desde el mar
un poco más lejos de la Tierra

JARDINERÍA

> «... queda ya sin entonces el tiempo: el balance de los enemigos los libros incontables el coraje del odio la vocal en la cuneta de la piedad: el viento sin madre entonces de nunca acabar».
>
> tu mamá nos ama tú, *Jarrón y tempestad*,
> Guadalupe Grande

En el jardín solo empleo las manos y los ojos.

Mis manos toman tierra, remueven el color y la humedad,
y con ellas –es preciso– recompongo tu rostro.
Espacio concreto, el jardín se abre y se pliega, como extiendo
mis manos, como las cierro, mis manos
que alguna vez desde dentro te golpearon, desde dentro de ti.

Trazo con mis manos desenterradas rosales, me rasguño.
Con ellas ligeramente pinto camelias, geranios más intensos,
hortensias dadivosas, a las que tanto estoy agradecida,
perfilo flores de la pasión, huidizas y breves, como corresponde.
Guardo en otro rincón un joven almendro bocetado,
florecerá mientras restaño algunas antiquísimas heridas del olivo
sobreviviente, y rectifico por capas el grosor de los brotes
en la madreselva.

Cuando ordeno el jardín, escudriño cómo mis ojos
miran dentro y fuera, no puede haber descuido.
Radiografío mis gestos desde niña, los arrepentimientos
y los latidos cuánticos: cálculos intrépidos

de un ritmo vital que puede cabalgar la flecha
del tiempo y someterla, brújula milagrosa.

Mis manos en vuelo, disparo la flecha.

El jardín cultivado retornará a tu rostro
el perfil maternal que nunca tuvo-quiso.
Por mí tu rostro reparado para mí, pero antes
de mí: tu rostro reconocible,

lo reconozco.

Sólo manos y ojos.
Muda,
replanté los verbos necesarios.
Serán mi tierra nueva.
Sorda,
resolví las ecuaciones redentoras, la música
en la que duraban las tardes limpias del otoño
y la luz fértil.
Hay que hacer lo que hay que hacer.
Hay que saber.
Nunca debe dejarse morir el jardín.

PUEBLO ABANDONADO

A la memoria de Francisco Rodrigo y Carolina Berdejo, mis abuelos, uno de los dos últimos matrimonios que habitaron en Villanueva de Jalón (Zaragoza) hasta finales de la década de 1960

En la cumbre del cerro –no muy alto– los muros
derrumbados, de nuevo tierra en tierra,
la vida
sólo es el eco reinterpretado de la vida
que fue, metáfora de sí, aunque la vida es
incertidumbre

–río solar abandonado donde vuelve a crecer
siempre la vida
es cuanto mi pensamiento mide y lo que no
alcanza a medir, cuanto es no transitable
de confín a confín del universo, con la mirada alzada,
aunque mi pensamiento alcance
en la distancia a ver mucho más y más lejos que yo

–la vida siempre espera luz,
pero los muros
como los cuerpos caen
y la yerba esparce su memoria, que es más fuerte
que la memoria humana, y reincidentemente cuántica
como la de las aves migratorias:
ojalá coronara la torre de la iglesia rota
un nido de cigüeñas

Una parte de mí anterior a mí habitó en estas ruinas
cuando aún no lo eran, una parte de mí es estas ruinas,
hogar deshabitado, yerba voluntariosa,
inconstancia de pájaros,
también transcurso entrequebrado, agua
que ahonda el cauce mientras busca y edifica
en la desembocadura el ritmo del porvenir

Cumplir los ciclos la vida es
cumplir la vida,
que será no muros ni muros derrumbados ni ruina será,
que será río-campana-nube o no será la vida,
capaz de levantarse desde la más profunda oscuridad
del fondo del mar.
Del mar,
que es vida sin ansia de memoria, y que un día
desde el otro extremo de la luz amorosamente
reconquistará estas ruinas, y entonces el viento callará.

LOS ANTIGUOS JÓVENES DEL BARRIO

Para Adelina, siempre amiga

Por aquel entonces mi mejor amiga tenía un novio ateo.
Nosotras todavía creíamos en Dios,
aunque seguramente confundíamos fe y amor.
Solía suceder. Si fuera así, sería.
Yo nunca tuve novio. Amaba en paralelo,
sin el atrevimiento o la impaciencia que la vida demanda
de esta parte, pero con la ventaja de múltiples finales realizables
según mi decisión. Terminaba el verano.
Yo había estado sola
en el planeta, auscultando señales de otros mundos posibles:
la densidad del silencio exterior, si te acostumbras,
protege el corazón contra su propio ritmo
de voces heredadas. Vivíamos un tiempo
de arruinadas cabinas telefónicas:
¿cómo dejar atrás la historia, la fe y el mal de mal-amor
sin cometer traición?:
–hacer vivible lo que sí o lo que no es,
eludiendo las cavernas de la gravedad que alteran
los estratos del paisaje y de la piel,
–habitar un territorio más allá de la órbita terrestre,
desde donde observar y construir un territorio
propio y apropiado para

Si fuera, así sería
si fueses,
lo pensé sin pensamiento,
con todo el cuerpo lo pensé,
como una revelación te presentí
segundos antes del seísmo apenas.
Terminaba la tarde. El viento azuzaba
brotes de sol como genista sobre el asfalto,
mientras el corazón-diamante al rojo vivo
taladraba hasta lo más adentro mi respiración: cerebro
y nubes saltan y se entrelazan en todas las dimensiones,
lo que es o lo que no, red que atrapa como la gravedad,
mundos en proyección,
siempre
fue así el amor.
Que estabas como detrás del agua
y casi fuiste,
sin pensamiento lo vi,
como si me creciera un continente
con todo el cuerpo lo supe.
Pero ¿en qué otro lugar al que no pude llegar estuviste
o no estabas? ¿Cómo dejarte atrás sin perder la razón,
sin apagar las voces heredadas?:
–mujeres blancas, humo bajo la sombra antigua
del lavadero, en la encrucijada de la avenida con el cielo

Si fue, así
hubo de ser. Pienso, y lo sé:
desde la densidad del caos yo fui tu creadora,
girando magnéticamente alrededor del lavadero con el agua.
Pero tras el estallido primordial del corazón

ni tú ni yo de entonces pervivimos.
Las voces lo sabían:
lo que pudiera ser o no sería, suele así suceder.
Las voces lo decían:
inspira –cerebro y nubes–, expira
–amor y tierra–, inspira –cerebro y tierra–,
expira –nubes y amor–.
Y yo entendí.
Si así hubiera sido, si fue, habría
sido por amor, por fe no hubiera podido ser.
En otro mundo ya, por aquel entonces
aún sin descubrir, comenzaban la vida que es
y la vida que habría podido ser,
uncidas
bajo el compás de una en común y siempre otra
heredada respiración.

METABOLISMO

«El campo tiene ojos, el bosque tiene orejas».
proverbio flamenco citado y utilizado por
Hieronymus Boch, El Bosco

«Vivir es sentirse en ese océano, ligado a todos los puntos de
esos panoramas repelentes o atractivos».
36, *Ontología*, Eduardo Cirlot

// Sé bien que el miedo puede habitar la orquídea más
hermosa: de pronto es una máscara y su boca terrible
un pequeño diablo encantador. No debes mirar.
Debes de un bocado comerte la flor, salir y a gritos,
si hace falta, provocar la lluvia, volcar el mar
sobre el jarrón hasta que la marea
y el proceso metabólico te empujen a través del túnel
y del otro lado la brisa de la playa despliegue tu melena
de entonces, recién lavada, como una gran ola arrastrando
todo el perfume de la montaña //

Pasado el tiempo, cuando el mundo vuelve a girar,
entiendes que no era tan difícil aprender a digerir:
–la vida crece siempre cuesta arriba, y a veces
hay que masticar tierra para alcanzar algún conocimiento.
Incluso en los sueños, sobre todo, en aquellos
que ya no recuerdas si sucedieron

// Sin embargo, te acuerdas de la casa y de la carretera
hasta llegar a ella y del mareo insoportable que te revuelve
el estómago, si abandonas la línea recta.
Te acuerdas de la puerta cerrada y del balcón y del jardín
al que daba el balcón, que estaba abierto, y de la escalera
arrimada a la pared. Sé bien que el miedo puede provocar
la locura: huir es cuestión de vida o muerte: sobre todo,
no volver a encontrar al fondo del jardín el armario
de las estatuas blancas, trazar en tu cabeza
tu propio laberinto con sus reconocibles letras capitulares,
habitar tu propio videojuego con tus reglas:
lo peor no es tener que defenderse, lo peor es el miedo
al miedo regresando que saliva ante ti, porque:
¿quién va a creerte si les muestras la orquídea gigantesca
bajo el balcón, tan bella y frágil como un espejo? //

La vida retorna siempre cuesta arriba y la línea recta
es una ficción imprescindible, una forma artística
de facilitar la digestión y la desmemoria, de evitar el vómito
y la proliferación de la parálisis.
Por eso buscas la orilla y el horizonte, la medida de las cosas
antes de que acontezca la curvatura del mundo.
Aunque a veces, todavía, pasado tanto tiempo, la mentirosa
línea recta se enrosca sobre tu cuerpo como un intestino
exterior, un tallo flexible que florece en un puño
que golpea tu cabeza y la desplaza
como un pequeño planeta alrededor de tu propio dolor –
¡qué explosión en arco iris!:
tú misma digerida, un espectáculo de color entre los girasoles
que cubren la tierra mucho más allá del horizonte.

ARQUITECTURA DOMÉSTICA

«La vivienda de nuestro tiempo aún no existe».
Ludwig Mies van der Rohe

«Habitar significa dejar huellas».
Walter Benjamin

«Hoy voy a empezar a construir /
la casa donde estaré / para toda la vida».
Berlín, Coque Malla

La casa de mi infancia, que todavía existe, fue una vez rodeada
por la nieve y en otra ocasión la asedió la riada (hay constancia
de ello en las hemerotecas).
La abandoné muy pronto, pero ha sobrevivido indiferente
a mi ausencia casi, a pesar de haber sido su más joven
moradora: la arquitectura sin balcones de los barrios obreros
de aluvión fue tallada en adobe duradero, –como las intuiciones
de los niños–, aunque lo disimule: ocultar su fortaleza procuró
su salvación. Al contrario, soy yo la que a veces se derrumba:
si ocurre, invoco a Google y, tras un vuelo rápido, me poso
en la cornisa silenciosamente de la fachada de la antigua
ventana de mi cuarto de niña.
Allí me balanceo, mis pies buscando el mar, durante horas.

La casa en que aprendí a lidiar con el dolor que jamás sanará,
imborrable como aquel pecado original con que nos tatuaban,
estaba edificada sobre el limo del río, pero miraba al cielo
con sus enormes alas de color verde abiertas.

A pesar de su precariedad (los muros eran frágiles
y nos acostumbramos a escuchar los aullidos del cierzo
como banda sonora de nuestro cada día),
en aquella casa voladora y enfilada al amor, fuera de la ciudad,
desterré la ambición mentirosa, descubrí que no hace falta mucho,
que se puede apañar un hogar con un par de prestadas
alfombras para tapar las manchas imposibles
del suelo enmoquetado.

Muchas casas después han abierto sus puertas a mi paso,
a veces breve, a veces duradero, y todas adoptaron la propia
arquitectura de mis huesos en simbiosis de abrigo,
argumentando techos protectores y articulando estancias
según la vida, que aún transcurre en ellas como películas
rebobinadas en mis sesos. De algunas guardo fotos
y todas se turnan en los sueños, a menudo prestándose
entre sí muebles y habitaciones, estaciones del año
e incluso amigos que nos acompañaron.

Hemos tardado un poco
en encontrar la casa donde voy a quedarme para toda la vida,
si la vida no manda lo contrario: ha alzado
sus cimientos a través de los años que han cubierto los limos
y contenido el río. Con radicalidad y decisión alteramos
su original planimetría, dialogamos con ella muchas noches
hasta que nos dejó anidar en su espacio los nuestros,
nuestros espacios-tiempo multi-dimensionados de largo
recorrido y cuajados de libros,
objetos vinculados a las geografías que nos han habitado
y hemos habitado, restos de ajuares traídos
en herencia y diversos y muy amados trastos, procedentes

algunos de otras casas que otros hicieron suyas
al marcharnos: rutas de la memoria
que orbitan, como viejos satélites, a nuestro alrededor
y en torno a la azotea que corona en secreto
este mundo doméstico, el último reducto
desde donde emitir el pensamiento y las palabras
en vuelo ciego de murciélagos, lleguen a donde lleguen.

Que la casa nos sirva de sostén, que nos abrace
y nos recuerde con su memoria de nosotros: quiénes somos,
a quién hemos amado y cuántas son las ausencias
que debemos cuidar para que no perezcan.
Que la casa viaje en nuestra maleta.
Que sea la cabina del avión y la locomotora.
Que atraviese con nosotros el mar, si hay que atravesarlo,
y alcance el otro lado un poco antes de nuestro desembarco
para que todo siga en orden
cuando lleguemos y así podamos descansar.

PERTURBACIONES

«Sólo el dolor parece no morir nunca»
Cometierra, Dolores Reyes

Alcanzado este punto, me refiero a la vida,
nadie se llame a engaño (lo escribió Federico):
aquello que dolió, *dolerá sin descanso.*
No duerme nadie, nunca se detienen las perturbaciones
que transmiten a lo largo del tiempo los amores fracturados
bajo los tejados que horadaban las palomas, o el estruendo
mudo de la muerte a cualquier hora recién llegada.

En algún lugar de la memoria el cuerpo sigue
temblando siempre, y las ondas sísmicas agitan
cada una de tus células, minúsculas campanas
que replican la oscuridad como puntos suspensivos,
que suenan en la puerta de cada una de las casas que habitasteis
tú y las decenas de pequeños objetos acumulados, incrustados
en tu musculatura –como los personajes, seres alquímicos,
invocaciones mágicas, de Giuseppe Arcimboldo–,
body-things, las cosas que son tú, incluso más que tú, y a veces,
a causa de los años y las olas repentinas de frío y de calor,
se quiebran como cristales, y pierdes la orientación,
alma invertebrada, bajo la contaminación lumínica,
o te refugias tras la sombra de la luna, para escapar
de las turbulencias de popa que, a su paso,
causa en la atmósfera terrestre.

No duerme la memoria, y *al que le duele su dolor*
le dolerá sin descanso, lo escribió Federico
hace ya casi un siglo–, nadie se llame a engaño,
alcanzado este punto.

Pero, hay perturbaciones para la vida y su equilibrio
necesarias, como las fertilizantes crecidas
de los ríos o las voces amadas que penetran los sueños
y nos rescatan: saberlo es conveniente,
y saber esperar a que se alce la niebla, la lluvia lama
las rodaduras de la arena en la piel, o un viento fuerte despeje
los caminos de regreso al abrigo del jardín.

2 / Ley de vida

«¿De dónde viene la imagen? De la luz».
Esa máquina maravillosa, documental,
escuchado al vuelo en el televisor)

«A diario cuidamos del jardín. / A diario movemos/ las pestañas como pequeñas banderas/ en viento cordial. ¿Yo? Quién no es/ por siempre yo en un ahora circular».
Sólo somos humanos, *Elegía*, Mary Jo Bang

«La metamorfosis es la propiedad de los cuerpos que nunca se separan de su infancia».
Metamorfosis, Emanuele Coccia

VÍA LÁCTEA

Nuestro Sol y los planetas que lo rodean,
incluida la Tierra, viajan por la Vía Láctea a 220 kilómetros
por segundo, suficiente para llegar de Madrid
a Ciudad de México en 45 segundos, y

eso, ¿qué
tiene que ver conmigo, que tardo tanto cada mañana
en despertar, mirar al Sol, decidirme a bajar a la calle
y caminar?

ADN (LATIDO MÁGICO)

«… que el hombre más solitario nunca está solo/ (su respiro más breve dura lo que el año de algún planeta, / su vida más dilatada es el latido de algún sol; / su inmovilidad más leve lo lleva hasta la estrella más joven)».

Poema 11, *Xaipe,* E.E. Cummmings

Sístole, diástole. Dos
movimientos,
un latido.
Me acuerdo.
Nazco. Puedo hacerlo y nazco.
Cuántos espejitos ante mí en extensión y altura
desplegándose como alas delta, –ay Icaro, ay, desasidos
del cordón umbilical–, como las velas de las sondas
espaciales en busca de las rutas de la luz
y de la transparencia,
de las posibilidades de otros mundos.
Naceríamos mil veces.
Nadie recuerda el dolor de nacer.
La vida es aún suave, como esporas bajo mis pies:

oxígeno

y pienso que siempre será fácil respirar,
siempre bajo la protección azul llamada cielo, siempre
sobre estas alfombras de césped cultivado, nivelado
y brillante, como en las ilustraciones en las que aprendo

y recuerdo: oigo mi corazón, pero no contesta.
Creí que respirar sería siempre fácil.
Tomo puñados de yerba y mastico el oxígeno.
Un latido continuo dentro
y fuera.
Que no me falte
respirar, que no me falte. La nave
abandona la atmósfera terrestre, la crisálida flota,
acumula su pequeña fortuna de sangre, se impulsa
y lanza sus bracitos hacia el sol.
La mariposa vuela y muere.
Mastico la crisálida que fui,
almaceno mi diminuto tesoro proteínico, me fortalezco.
Con mimo despliego y plancho las láminas de mi a-de-ene,
los espejitos con los que mandar señales:
más de dos metros de mí misma enrollados en cada una
de mis treinta billones de células, concentrándose
en la respiración según el ritmo del corazón,
materia que ama y busca la materia,
sea río, roca, filamento galáctico, carne y hueso
y todos los colores que la luz extrae de su chistera:
sístole, diástole, dos
movimientos, un
latido.

CRIATURAS DE FRANKENSTEIN

> «El frío, el hambre y la fatiga eran los males menores que hube de aguantar; me maldijo un demonio, y llevo un infierno dentro de mí; sin embargo, algún espíritu bueno siguió y dirigió mis pasos, y me libraba de pronto de dificultades aparentemente insalvables».
>
> *Frankenstein*, Mary W. Shelley

En lo que no se ve siempre está la solución (digo).
En algún lugar de la oscuridad nace la luz: lo que nos atrae
del horizonte con más fuerza es la caída
en el Oeste, la luz que pierde pie, el *finisterre*,
ese incendio,

la turbulencia,
la extrañeza del enamoramiento que nos habita–
y nos desalojamos:
el cuerpo parece encogerse contra el bajo vientre hacia sí
y luego caemos como fuegos artificiales desde el centro:
el centro puede ser la huella indeleble del cordón umbilical,
la querencia que nos inclina en la misma dirección
que el eje de la Tierra (al que no vemos)
No importa, pero duele como una nueva nascencia
cada mirada, cada acariciar, cada costura que apacigua
momentáneamente el caos,
este amor

que obliga e impone otra transformación más,
un nuevo desconocerse, una forma diferente a la que fuimos,
la lluvia que nos multiplica y nos disemina
como a sus propias moléculas, que no son húmedas
por dentro, porque así es
–extraño– el amor, que no vemos,
un algoritmo ingobernable, incluso para la muerte:
la vida sabe más, «la vida
está siempre lista para irse a otra parte»
(Emanuele Coccia advierte) y es imposible medirla
o descifrar su trayectoria,
resignaos,
amados monstruos míos que aulláis
en este cielo,
en este océano,
donde no se nos ve.

LE JARDIN SUR LE TOIT

«Maniatada a una tromba. Pedí a las plantas
que me dieran mi pequeña identidad».
Cenizas, *Deprisa*, Jorie Graham

Duermo con un olivo sobre mi cabeza, más viejo que yo
(no es metáfora, es literal, es real):
sus raíces se nutren de mis sueños y limpian
las mías de pesadillas. Es más sabio que yo:
mantiene infatigable su equilibrio, con los años mejora
su apariencia, crece su generosidad en las cosechas:
árbol-mapa, árbol-historia
que da sentido al jardín con sus especies adaptadas
al clima ciclotímico del valle, a las estampidas imprevistas
del cierzo: rosales, geranios y aromáticas resisten
los acontecimientos más difíciles, siempre regresan,
nos entendemos bien, conocemos nuestras limitaciones
y el lugar donde estamos: bajo el cielo,
las plantas y yo prendidas por hilos invisibles, exploradoras
estáticas, intercambiamos sangre y clorofila, nos extendemos
bajo el sol y protegemos en lo posible
de la contaminación la casa que habitamos:
practicamos ecología urbana, una tendencia en alza
frecuentemente ponderada en revistas de arquitectura
y en los museos de vanguardia.
Pero vamos en serio.
Debo explicar que me hacen muy feliz el olivo,
los ancestros mediterráneos de su sabiduría, la belleza tenaz

de los geranios, rosales, aromáticas y el cactus de dos metros
y de unos treinta años que ha encontrado refugio en un
rincón entre las calas rojas y la parra.
También me hace feliz el vuelo en paralelo de pájaros
y aviones cuando cruzan de oeste a este mi mirada y el cielo
más allá del jardín: fingen igual tamaño, casi indiferenciables
en su destreza aerodinámica.
Amo la vida híbrida,
cómplice y transformada a lo largo del tiempo
por la tecnología y por su propia aspiración
infatigable (imposible)
al equilibrio, a la belleza, a la sabiduría.
Con esa umbilical y simple felicidad alimento el olivo,
y a cambio sus raíces aligeran mi cabeza de los sueños
que la desbordan como jardines colgantes de Babilonia

BARROCO, PERO ABSTRACTO

La luz del norte habita siempre en un rincón de la casa del sur
El poder de la luz reinstalando la memoria
Cada uno de mis dos nervios ópticos reseteando
en cada parpadeo algunos pixeles de cierta melancolía boreal,
–incluso si duermo–

La puerta fue cerrada a espaldas de la mujer atrapada
en su habitación (esa fue la implacable voluntad del pintor
y el silencio infranqueable su consecuencia
–por eso,
sólo puedo-debo inventar alguna historia que hable por ella
y no sé, no sé–)

Ella me lo diría, si se dejara
interpelar por los pequeños pájaros migrantes
de sus dendritas transparentes como un encaje bordado,
si escuchara los escalofríos de la luz
del sur al fondo del pasillo.
Sus pensamientos y ella entornan los ojos y abrazan
el círculo embrujado de la mesa camilla
La tarde –suya y mía– alza su conjuro fatal contra
la luz del sur El tiempo es suave si avanza lento
La puerta de la sala está entreabierta Desde el espejo
del pasillo, la plaza que fue avanza a primer plano
Lo amarillo es el tiempo
Pero la Esfera de la Tierra gira
y aún no sabemos cómo sentirla
La Tierra escapa de mi órbita y la mujer

que fueypuedeser
ahora es
Se Mira Miro y me mira
Su Espejo Mi Memoria
Luz del norte en el Sur

CAMPOS DE LUZ

> «El canto quiere ser luz. / En lo oscuro el canto tiene/ hilos de fósforo y luna. / La luz no sabe qué quiere. / En sus límites de ópalo, / se encuentra ella misma, / y vuelve».
>
> *Canciones,* Federico García Lorca

> «Su cerebro está a oscuras, pero su mente construye la luz».
>
> *Incógnito,* David Eagleman

La cantidad de luz que viaja en cada dirección
en cada punto del espacio en cada instante de tiempo
es un campo de luz.
Pero la sombra es
más poderosa que la luz: lo sabe mi cuerpo,
que precisa de la sombra que robo al sol cada mañana
y cada atardecer para reconocerme
y transformar en tiempo el ritmo de la circulación de la sangre.

La primera pintura era solo un esbozo que circunscribía la
sombra de un hombre proyectado por el sol en una pared, vuelvo
a Leonardo da Vinci, «Tratado de pintura», que añade:
o sobre la superficie ignota todavía de la Tierra y dice más:
La sombra es el primer espejo, igual que el reflejo en el agua.
Es azul, como la melancolía de Picasso que precede
a Demoiselles d´Avignon, y es distancia,
la oscuridad que se interpone entre el resplandor
que arrojan a su entorno las estrellas y la cerradura de la lente
por la que las miramos: todo lo llena de azul

la sombra y altera los contornos de los cuerpos
bajo la densidad del aire.

Lo mismo que el amor,
que, a pesar de su brillo, conserva al parecer cualidades
de azul, distancia, sombra, espejo.
Pero el amor son también cuerpos en danza con la luz
contra la oscuridad. Los cuerpos conectados al espacio
revelan, al amar, ancestrales sonidos que no sabíamos:
la rotación del núcleo del planeta
vibrando en nuestros gestos,
o en los de la bailarina Muriel Romero (Embodied Machine)
coreografiando en luz sus emociones algorítmicas,
dando forma a un tiempo nuevo y a desconocidas fronteras,
porque todo es luz en todas las direcciones,
incluso la sombra, como el amor, incluso cada uno de nosotros
y nuestras proyecciones, humanas o no, *aunque no sepamos
verlo ni hablar de ello.*

PANDEMIA (CRÓNICA DIMINUTA)

El 16 de marzo de 2020 salí de casa a la hora habitual.
Pero el mundo se había terminado.
Desempeña trabajos esenciales acreditaba mi salvoconducto.
Asida a él, como a una razón heroica, comencé a caminar.
Me costaba avanzar contra una nada de las calles
que sólo había visto en las películas.
Esperé al autobús en la avenida
bajo el canto atronador y doloroso de los pájaros.
Lo vi avanzar vacío igual que a un fantasma
y me inquietó pensar en trayecto y destino.
Llegué al trabajo en punto y repetí los gestos cotidianos,
aunque no conseguí reconocerlos porque estaba

realmente sola:

quienes más amaba pudieran haberse convertido
en amenaza y sentenciarme.
También era yo un enemigo para todos.
Al otro lado de las redes sociales y las ruedas de prensa
la gente agonizaba o, a las ocho de la tarde,
invocaba a los dioses que alivian
el espanto, el diario sacramento de la incredulidad.
Toda la vida comenzó a discurrir en la distancia,
como un sueño en el que estás dentro y afuera.
La muerte empuñó las manecillas del reloj en estaciones
y hospitales, eterna guardagujas,
cambiando sentido y trayectoria.
No debimos volver como si nada.
Quizás completamente no volvimos.

VACÍO CÓSMICO

«El vacío está más vacío en su centro que en los bordes».
Indranil Banik, astrofísico, y equipo,
Universidad de St. Andrews, U.K.

"Scenderemo nel gorgo muti."
Verrà la morte e avrà i tuoi occhi, Césare Pavese

Vendrá lluvia Y la luz con la lluvia vendrá
Tus ojos arcoíris tras
la lluvia y el infinito
donde agonizan las galaxias
Un huracán
En tus ojos vendrá la oscuridad
La inundación del sacrosanto
vacío punto final

3 / No morir

«Morir ya no es gozoso».
Autobiografía de un pulpo, Vinciane Despret

«Sólo el fin de una época permite enunciar eso que la ha hecho vivir, como si le hiciera falta morir para convertirse en libro».
La invención de lo cotidiano, 1. Artes de hacer,
Michel de Certeau

«Farid dice que quiere ser una familia, y añade, quiero decir que no quiero que mueras».
El mercado se pregunta, Susan Briante

MUNDOS SIN LUZ

«Pero esto: albergar la muerte, / toda la muerte, así, tan dulcemente, / todavía en el umbral de la vida, sin una queja, / eso es indescriptible».

«Cuarta Elegía», *Elegías de Duino,* Rainer María Rilke

Los niños de las guerras son los planetas huérfanos

Los planetas errantes son mundos sin hogar. No tienen ni amaneceres ni ocasos porque, al contrario de los que más conocemos, estos planetas no se encuentran vinculados a una estrella». Nadia Drake, National Geograhic)

Cada vida desterrada y deshumanizada regresa a nuestro lado con su nada de material de archivo:

«Yo he dibujado un bombardeo que vi en San Sebastián durante la guerra» / «En este dibujo se ve la evacuación que hicimos en Gijón para venir a Francia»,

son las voces de las niñas Ángeles Benito, de 14 años, y Rosita Corral, 12 años, de Santander, niñas de la guerra civil de España en la Colonia Infantil de Bayona,
voces que atraviesan nuestras salas de exposiciones, pantallas y periódicos desde la periferia deshabitada y fría de la Historia,

donde tantas vidas han sido succionadas,

mundos sin luz, huérfanos errantes, víctimas del llamado necesario equilibrio de fuerzas, que atan las conciencias y los miedos a la inercia gravitacional del "sol que más calienta" (el decir popular, ya se sabe, siempre tan atinado)

No puedo ver los vídeos ni las fotografías
de los recién nacidos muertos bajo las bombas en Gaza,
o a punto de morir, tanto dolor y tanta soledad en cuerpos
tan pequeños, que no entienden, porque nada han vivido:
muerte diminuta que se traga
en su horizonte de sucesos todas las razones que cimentan
la civilización, densidad insondable del mal
expandiéndose de continente en continente, la más antigua,
terrible e incurable de las epidemias

Cada vida no cumplida regresa y pide cuentas,
con su nada en la mochila, desde el amanecer del tiempo
que no tuvo y se pierde en la playa bajo cualquier marea inflada
por las bombas,
y se llama, por ejemplo, Aylán Kurdi
(seguro que recuerdas, 3 años, 2015, arrojado de bruces al Océano
por la guerra de Siria y por todas las guerras)
Cada vida de golpe desplazada de sí y de su futuro
orbita sin estrella en nuestro estómago y en la nada
de nuestra cobardía y de nuestra impiedad,
por los siglos de los siglos, y se llama Rezwana
(la niña afgana que perdió a su familia, 2015, 13 años
entonces, frente a Lesbos –la isla de olivos abundantes,
que fue tierra de Alceo, Safo, y Anacreonte y Odiseas
Elytis–, ay, la muerte: no es refugio,
ay cómo cruje por dentro del cerebro,
cómo machaca lengua y corazón):
sola Rezwana contra la Historia, contra la oscuridad
de la razón burocrática, por los siglos de los siglos,
por los siglos de los siglos, por los siglos de los siglos

Los planetas pueden ser expulsados de sus sistemas estelares solo por objetos más grandes. Se cree que los planetas quedan huérfanos y deben vagar por el Universo interestelar, cuando dos protoplanetas chocan entre sí. La fuerza del impacto es tan fuerte que expulsa por completo del sistema estelar al planeta ya huérfano

por los siglos de los siglos, tanta orfandad, tanta muerte

MASACRES

> «El rostro del Ángel de la Historia está vuelto hacia el pasado».
> *Sobre el concepto de historia*, W. Benjamin

«El caos tras la explosión» (un titular perfecto,
mírese como se mire,

por lo tanto, clonado hasta lo imborrable, periódico a periódico,
pantalla tras pantalla, tuit a tuit,
hasta lo insoportable, incrustado en las ondas
por el aire infectado de carne destruida y miedo,
tan redondo que puedo acomodarlo sobre la mesa
junto al libro y las orquídeas, en la misma redoma
que una metáfora o un presuntuoso ejercicio filosófico, –)

La palabra no sirve (Theodor Adorno –dialéctica negativa–
ya paradójicamente lo escribió)
Sólo la negación frente al dolor y frente a la memoria del dolor
que nos enseña a causar más dolor, –

«Los supervivientes saben que no hay lugar seguro» –,
en la Franja de Gaza, octubre 2023, no hay lugar seguro,
en los kibutz israelíes, ni en Ucrania, Etiopía, el oriente
de la República llamada Democrática del Congo,
ni el Sahel, en Haití, ni:
el caos que siembra la historia lo vomita el presente y mata,
la palabra transfigurada en trampa de feria, en truco de trileros,
NO sirve,
NO hay NINGÚN LUGAR SEGURO:

Años 30 y 40 del siglo XX, los trenes de la muerte
conducidos por los nietos de Hölderlin y Bach atraviesan
el infierno de Europa –
seis millones de cuerpos arrojados a lo siniestro de la nada
por los tataranietos de Gutenberg y Durero:
la palabra no sirve,
no sirve la belleza La ambición fatídica de Fausto
inunda los océanos a la hora del amanecer tras la explosión
del Mundo, negra como el petróleo, la peste y nuestra alma:
no hubo tierra bastante para más de 60 millones de
cadáveres – sumemos otros 20
de la Primera Guerra, así como quien dice,
como si no hubiéramos brotado en carne de esos muertos–,
no hay un lugar seguro

NUNCA hubo un lugar seguro
¿Qué hacer con el horror que paraliza el pensamiento?

36 millones de víctimas: China, rebelión de An Lushan
(también llamada de An-Shi), contra la dinastía Tang,
iniciada en el año 14 de la era de Tianbao
(es decir, el 16 de diciembre de 755, próxima la Navidad
en Occidente, qué más da):
se estima la equivalencia en muertos
que hubieran sido en cifras de 1955 429 millones–
El cálculo requiere aclaración:
Tras las guerras mundiales del siglo XX, los expertos
–Matthew White, «El libro negro de la humanidad»–,
cuantifican las máximas atrocidades de la Historia
en comparación con el poder de destrucción de aquellas:
la impiedad es tan abundante, afilada
y ancestral como el zircón entre los minerales

Algunas equivalencias estimadas (*El Correo*, 4 de marzo de 2018, artículo de *Jon Garay*):

–Gengis Khan (1162-1227), fundador del imperio
más extenso de todos los tiempos, protector de la Ruta
de la Seda y del comercio, unificó la escritura en sus vastos
territorios (previamente arrasados) adoptando el alfabeto
uigur, y advirtió:
«Sabed que Dios me ha dado el gobierno de la tierra desde
Oriente hasta Occidente. El que se someta salvará la vida,
pero el que resista, será aniquilado»: 40 millones
de víctimas, que hoy contarían como 278 millones

–19 millones de víctimas, que serían 132, asentadas
en la contabilidad del comercio de esclavos en Oriente
Medio hasta el siglo XIX, además de los 83 millones
que supondrían los 18 millones de negros africanos
aniquilados en el tráfico de esclavos, que envileció
el Océano Atlántico durante cuatro siglos

Hay más (no enterremos nuestros ojos también,
volquemos los oídos sobre la memoria, aunque no sirva
la palabra, porque la Historia fluye por una red de cataratas
de sangre arrinconada hasta los corazones hemofílicos
de los cadáveres que no debieron ser),
hay mucho más:

–China (generadora de masacres en proporción a su
grandeza): 25/o 112 millones de muertos: sublevación
campesina y caída de la dinastía Ming, siglo XVII; rebelión
Taiping, siglo XIX, liderada por el iluminado
cristiano Hong Xiuquan, 20/o 40 millones de muertos

Y más:

–Imperio asiático de Tamerlán, 17/o 100 millones
de muertos

–La Agónica Locura y Caída de Roma, 8/o 105 millones
de muertos

–92 millones serían en el método estadístico de White
los 20 millones de indios norteamericanos exterminados
desde el siglo XV al XIX / Estudios recientes, por su parte,
estiman que bastó un siglo de violencia y epidemias (pero,
acaso ¿no es la enfermedad contagiada violencia?)
para borrar del futuro al 90% de la población nativa
americana: 56 millones de muertos, un tsunami de dolor
de Polo a Polo / Con la misma rapidez viruela y guerras
se aliaron en el continente australiano durante el siglo XIX
contra los hombres y mujeres aborígenes:
siempre la civilización (digamos) mata primero

Recontar el espanto sería (es) interminable: la Tierra,
como un barco fantasma, miradla, recorre el Universo,
sin sentido, hasta el fin de los tiempos, la Tierra
que fue incandescencia pura, milagro y luz
La cuenta ES interminable, la LOCURA: búsqueda
aleatoria, Google mediante –monstruo devorador–,
como quien realiza catas de arqueología,
aunque sin mucha precisión – perdón,

pero
¿qué hacer con el horror de la memoria?:

–Indonesia, 1965, muertos: 500.000/ Ruanda, 1994,
1 millón de asesinados mientras florecía la primavera, /
la misma cuyo perfume disimuló la matanza de 100 mil
romanos e itálicos por órdenes de Mírtridates,
rey del Ponto, año 88 a. C./ Imperio Otomano, 1894-1896,
masacres hamidinas: 300 mil armenios y cristianos asirios /
Argelia, 1830-1875, 825 mil muertos durante su conquista
por Francia / 3,5 millones de muertos bajo estepas,
robledales y hayedos de la que fue Circasia,
en guerra con el Imperio invasor de Rusia, 1763-1864/
1932-1933, Holodomor (que significa matar de hambre),
más de 3 millones de víctimas por la hambruna forzada
en Ucrania, y aproximadamente 12 millones en el resto de
la Unión Soviética colectivizada de Stalin/
Década de 1840, Hambruna de la patata, 1 millón de
muertos y otro millón forzados a abandonar su casa,
a pesar del cereal abundante cosechado en las tierras
agrícolas de Irlanda, propiedad de aristócratas británicos
desde la ocupación de Oliver Crowwell en 1650

Serían (son) interminables las estaciones, *ora pro nobis*,
las simas de la vía del horror y del espanto
por la que transitamos, mirada al suelo, hombros sin alas,
acostumbrados, *ora pro nobis*

¿Cuántos muertos hoy, en cálculo de Matthew White,
sumarían aquellos 27 hombres, niños y mujeres asesinados
en un único golpe,
–documentado– a unos 30 kilómetros del lago Turkana,
en un lugar de Kenia llamado Nataruk, hace 10.000 años
aproximadamente? Desde entonces

el gesto repetido de la crueldad amparado en la propia vida
multiplicándose, contra la lógica de la memoria, la muerte
amplificada insoportablemente y sin justificación
por el poder global
y el cinismo diabólico con que el poder pervierte y empuña
la tecnología que vino para saciar el hambre de los niños
y amortiguar el frío bajo las estrellas,
para poder mirar de frente a la oscuridad: la Historia
como un inconcebible Argamedon seriado,
transmutada en ficción por las pantallas
para que no nos interpele, la vieja treta del camuflaje
y el caballo de Troya, del videojuego

¿Cómo son los intestinos del pensamiento racional
que transforman el pan y el amor en esta muerte
monstruosa, un modelo de negocio
que la naturaleza nunca demandó? –La banalidad del mal–
Como tú, me lo pregunto cada día, Hanna Arendt,
pero la Tierra y mi memoria borran sus cicatrices
bajo la cirugía del tiempo y la erosión acrobática del agua
que transmuta en paisaje y en olvido la presencia diaria
de lo inasumible, –ante el horror,
es imposible mantener el ritmo de la respiración para tensar
las riendas de los vientos, que ajardinan el caos
y nos protegen del extravío, incapaces como somos
de deshacer el nudo de la contradicción

Esa es nuestra bien ganada condena
y es también «la grieta por donde entra la luz»,
así pues

«que doblen las campanas que aún puedan sonar»,
así pues

Cerrar los ojos/

El cielo sobre Berlín/
Hiroshima, mon amour/ Perfect Days, así pues:
«Me hiciste olvidarme de mí mismo/ pensé que era otra
persona/ alguien bueno»
Alguien bueno

MUERTE DE LA MUERTE (PRECUELA CON INSTRUCCIONES)

> «En este pueblo hay tres personas que tratan de desviar su propia muerte hacia otros».
>
> *Crónicas de motel*, Sam Shepard

Llegaban noviembre y las espadas. Durante horas, mañana
y tarde, rodeábamos la tumba de la mujer que había muerto
joven no hacía muchos años: aún brotaba el dolor
entre las conversaciones banales sucesivas, como el rosal
frondoso que abrazaba la lápida,
nubes en el corazón: llorar para aferrarse a la memoria,
para defenderse de la sombra seca de la muerte
todos juntos, –

Tesis asumida → *Él creó este jardín por la misma razón que lo hizo todo: para que pudieran estar juntos* (Transcendence/ secuencia final)

todos juntos sus padres –mis abuelos–, sus hermanas
y hermanos –mis padres, tías y tíos–, sus sobrinos
–mis primos y yo misma–,
la que lleva su nombre y es una niña recitando en voz alta,
durante horas –fascinación
y miedo– nombres y fechas, *no te olvidan, descanse en paz,*
los epitafios de las tumbas de los alrededores,
esparcidas como dunas por el camposanto, como pozos sin

eco, sin comprender: allí un niño muy pequeño, por ejemplo, su quietud insoportable, *siempre con nosotros*, qué soledad de muros blancos y piedrecitas en la boca

Prompt 1➔: *Que pueda cruzar por todas las metamorfosis posibles* (Libro egipcio de los muertos, conjuro primero)

¿Qué sentiría la mujer que murió joven y estaba enferma?,
–alguna vez me he preguntado–: le dijeron:
ha sido niña y tendrá tu nombre, ¿qué pájaro abriría
sus alas dentro de su cabeza, qué semilla ahondaría su raíz
para hundirse premonitoriamente y regresar
hasta el comienzo?,
¿quién le llevó el mensaje y empapó en un pañuelo
su respiración? ¿cuántas vidas pasan
por el ojal de un nombre?, hélices entrelazadas como abrazos
eléctricos, vidas amorosamente *frankenstein* entre sí

Prompt 2➔: *Que pueda cruzar por todas las metamorfosis posibles todo el tiempo posible*

No morir no es vencer a la muerte. ¿Quién guiará a la muerte para *ponerse fuera de mí?* (Santiago López Petit), ¿quién la exilará de mis células, *hijas de la noche?*, ¿quién le enseñará a mi imaginación obstinadamente crédula cómo amueblar los salones de la inmortalidad?, ¿qué dioses, qué ciencia?
¿Y el amor?:
tampoco la memoria atraviesa indemne
su propio laberinto molecular:
cuánta tristeza disimulan los hermosos vestidos

que amortajan –(catacumbas en la iglesia de Santa María
della Pace)– los cuerpos momificados de las jóvenes
de la alegre alta sociedad decimonónica palermitana, hijas
imposibles de la eternidad, qué soledad presiento
de rojos divanes y balcones frente al mar

Prompt 3 ➔: *Oh Gilgamesh, ¿a dónde vas errante? La vida que buscas, no la encontrarás* (Tablilla de Sippar, 1,2)

Pero, confieso: también yo me reconozco en este absurdo
empeño de sobrevivirse y permanecer: ciencia y economía
deberían compensar el tiempo acelerado que sin piedad
nos hurtan de amor y de belleza, de tiempo verdadero,
si eso fuera posible como afirman algunos arriesgados
profetas de la longevidad:
en todo caso, nos lo deben, amar y ser amados,
seres enamorados más allá de la muerte:
serán ceniza, mas tendrá sentido (Francisco de Quevedo)

Prompt 4 ➔: don't leave me:

película escrita y dirigida por Gavin Rothery, "Archive" –
nieva y nieva, 2039, nieva y abrazo el bosque inmenso, abrazo la nostalgia, no lo soportaré, no te dejaré ir, sé cómo hacerlo, sé cómo traerte de nuevo
a mí, en carne casi inmortal,
devolverte a mis brazos desde la memoria convertida en algoritmo
que eres, encerrada en esta urna tras la pantalla de plasma
que me permite oírte, todavía verte, esta tortura,
puedo resucitarte,

no te dejaré ir: el ingeniero robótico George Almore reorienta
en secreto su trabajo en la compañía Archive, quiere construir
un robot casi humano al que transferir la consciencia
de su esposa muerta
en un terrible accidente de tráfico; pero *nada es para siempre,*
ni aún en la muerte, *nada es lo que parece ni puede ser seguro,*
ni siquiera en la resurrección, y vendrá la nieve
y su geométrica cárcel de cristal, su muerte blanca insospechada,
melancolía y luz definiendo el paisaje

Que pueda cruzar por todas las metamorfosis posibles,
sería un ruego justo, entiendo,
rendirse al fuego que transforma, como se rinde cualquiera
de las incontables estrellas de los 2 millones de millones
de galaxias cuya coreografía se expande en eternidad,
eso, pequeño Dorian Grey, ¿no sería bastante?, la danza
alquímica del universo, digo, la danza prolífica
del pensamiento y del amor,
¿no lo sería para tu inabarcable amor y sed de sabiduría,
loco Will Caster?:

Sé cuáles son tus deseos y conozco las normas de tu Reino,
poseo el saber de las Formas y de las Metamorfosis
(conjuro XVIII del Libro egipcio de los muertos):

–Si yo me convirtiera en alambique, tú serías el pájaro,
y si tú lo hicieses en sombra sobrevolando, yo sería los ojos
que no se cerrarían nunca tras de ti–
–Si tú te redujeses a tuétano y arbusto, yo sería la niña

que jugaba de duna en duna en el camposanto. Pero, dime,
¿si yo ovillara arterias y neuronas para rodar y huir
de lo que se agrieta, de lo que causa temor,
si fuera tan veloz como la luz?
–Yo, crearía un cielo de múltiples circuitos integrados
para abrazarte y acunarte, para que nunca pierdas pie,
pues a muertos y amantes conviene acceder a cuantas
metamorfosis sean posibles, como ocurre en las estrellas
y en todo cuanto no vemos, pero sabemos que está

Prompt 5: ➔: Entonces, *el público: que pase…:*

En medio de radiaciones avanzo por mi camino
Y entro a todas partes, a gusto de mi Corazón
Yo existo y vivo… / la palabra y el silencio equilibrados
están en mi boca
(Conjuro XLII del Libro egipcio de los muertos también
llamado Libro de la emergencia a la luz)

LA NACIÓN DE TUVALU

La nación de Tuvalu no quiere morir/

La nación de Tuvalu:
cuatro arrecifes de coral y 5 atolones, 26 km^2 en mitad del
Océano Pacífico, a más de 1.000 kilómetros de los vecinos
más próximos en esta región de la Polinesia, un milagro de
la geología a mitad de camino entre Australia y Hawai,
avistado por vez primera por el navegante español Álvaro
de Mendaña en 1568/
La nación de Tuvalu ha sido desahuciada, pero se niega
a perecer bajo las aguas y pide un mundo nuevo
donde permanecer: ¡dame un lugar a salvo en el Metaverso,
oh Señor del Algoritmo, en el que para siempre podamos
controlar el nivel del mar y reunirnos con los nuestros
por tanto tiempo como el tiempo sea,
regocijándonos con tantas tradiciones compartidas
que habrán de ser transmigradas, rodeados
de la bendición de los corales por siempre y de los cantos
de las aves de cuarenta especies diferentes que pueblan
nuestro cielo, nosotros y nuestros nietos
y los nietos de nuestros nietos!

La nación de Tuvalu.tv

Permanecer a salvo, la vida eterna o mantenerse
en la memoria de las generaciones venideras,
más allá del amor asumido de los tuyos,
ha requerido históricamente empresas científicas y obras

de arte carísimas. Repasemos algunos ejemplos,
por el placer de recordar que –
la belleza es verdad y la verdad belleza / nada más se sabe en esta tierra y no más hace falta (John Keats)–:

Por ejemplo, la tumba de la princesa egipcia
Sit-Hathor Yanet, hija del faraón Sesotris II, guardaba
unos espléndidos cofres de ébano repletos de magníficas joyas
que eclipsaban la muerte /
Por ejemplo, la tumba del Guerrero Grifo,
de la edad del bronce, en Pilos, Peloponeso, también estaba
pertrechada de abundancia de joyas, armas, una rica
armadura y un espléndido anillo con dos toros y espigas
cincelados en oro: el rito fértil de la vida conjurado/
Por ejemplo, los pigmentos alquímicos y los números
de Paolo Ucello inmortalizaron en efigie ecuestre
a sir John Hawkwood, capitán inglés de los florentinos,
conocido como Giovanni Acuto, condottiere:
empezaban por entonces –siglo XV– muchos a pensar
que quizás la supuesta otra vida
no fuese sino amarrar a tierra la duración de la fama personal,
o también atesorar todo el saber humano, como ansiaban
Giulio Camilo Delmino (que estudió el hermetismo y la cábala),
con su Teatro de la Memoria, Ramón Llull, o Marsilio Ficino /

La ciencia nunca se ha separado del misterio
ni ha olvidado el infinito donde se expande el pensamiento
–bien sabía de ello el mismísimo Isaac Newton
o también Albert Einstein
Como saben quizás Sam Altman y Ray Kurtweil, quizás /
Tecnología de la Memoria: este es el nombre nuevo

de la Inmortalidad; mejor dicho –no nos apresuremos–
la forma nueva de llamar a nuestro indómito deseo,
el más antiguo, de inmortalidad: rastrear las huellas físicas
de los recuerdos, preservar biológicamente la memoria,
transferir digitalmente el cerebro a la Nube (al Cielo),
vencer periódicamente al cansancio de vivir
gracias al amor reparador de los nanobots
en eterna y cíclica *perfomance* de nuestros órganos

Mientras (el arte) viva «nunca aceptaré que los hombres perezcan derrotados por la muerte» (fue Giorgio Vasari quien lo dijo, el arquitecto y pintor de la Toscana, aquel historiador que acuñó el concepto largamente exitoso de *Renacimiento*):

La nación de Tuvalu quizás tenga razón, quizás sea el camino,
la vida más allá de la vida conocida, el plasma trasfundido
a nuestras arterias como algoritmos, el mercurio cuántico,
la arquitectura alquímica de los bits de información
entrelazados en nuestras células, la resurrección digital
de la carne

¿Quién sabe? Todavía no podemos ver con claridad
¿Quién sabe cuántos mundos o posibilidades de mundos
y de qué naturaleza se agitan
en el Universo, anegados bajo el océano cósmico,
la oscuridad y la distancia?

Si el mar borra Tuvalu y sus atardeceres,
¿a qué lugar de la cartografía ubicua de la energía
que nos hace vivir irá esa luz?
Quizás, nostálgica de sus pájaros, sus hermosos corales
y de sus tradiciones, la pequeña nación de Tuvalu ya lo sepa.

SILLA DE RUEDAS

Por y para Daniel, con quien tanto aprendo

«En 1915, Béla Bartók desarrolló un método para que todos los elementos –escalas, estructuras de acordes y proporciones de longitud– quedasen integrados según la razón áurea. Su planta favorita era el girasol, su estudio estaba lleno de piñas de coníferas y sostenía que la música popular también era un fenómeno natural al igual que las flores y los animales». (https://www.educ.ar)

Antes que las palabras fueron los pájaros, su lengua azul
que estuvo en la germinación, en el manantial oscuro
que guardaba la luz
He visto sus trinos transparentes
en tus ojos, el iris giróscopo del tiempo, la pupila expandida
por la alegría de ser, todos los mundos posibles
chapoteando bulliciosos en tu mirada colmada de amor,
el paisaje acogedor y su cielo creciente en proporción áurea
a través de los radios de unas ruedas

Cantar

La vida necesita transparencia en su comienzo, necesita
el minuto-prisma que horada el agua pequeña del arroyo,
rumor y nada más,
ta-ra-re-ar con la lentitud del silencio

que no existe, [tan sólo existe la intención de no escuchar,
insistía John Cage], y además

el silencio
no siempre fue liviano y perceptible, no siempre fue
la transparencia

La confusión

fue primero Como cuando despiertas en una cama extraña
o duermes en un sueño que no te pertenece, o en los sueños
excéntricos y veloces que orbitan el cerebro
durante las migrañas, emborronando el sutil balanceo
de las neuronas que construye el pensamiento,

ay Bomarzo, ay la piedra y el bosque

Al fin y al cabo, la confusión también palpita, late, abre
la cerradura y aprieta el corazón como desde la nada
Estalla el magma, llámese denso infinito primordial, volcán,
o amor que llegará,
el azar dando forma de amor a lo que la mirada encuentra
y pone nombre

.ay, Oberon, ay la esperanza

Así que bien, cantar

Luego
el magma busca aligerarse, ordenarse, busca el frío

del amanecer, como el dolor el hielo que apacigua,
y hunde
su cordón umbilical, el magma, en busca de las cosas,
se adelgaza y extiende,
inconmensurable tela de araña,
a la vez ramas y raíces, florece

la ola de la vida en tus pupilas,
planetitas, mundos caleidoscópicos, que son flecha
y flujo, tránsito, espirales en rotación de amor,

ay, Leonardo da Vinci,

crece la vida creCE crECE,
crece en mi vida tu amor, la mirada que traza el camino,
vuelo en expansión, como el de los insectos: en ángulo
constante desde la luz

Cantar

Bajo el silencio
las canciones no cesan, van y vienen y mezclan sus acordes,
se alejan del vacío, se buscan entre ellas,
como las galaxias en el Universo bailan
sobre la transparencia, sobre el ruido cósmico de fondo,
lluvia, tiempo, el resplandor que pervive desde la creación
Si cantamos, invoco el movimiento para ti,
que el Universo gire y se desplace, si te amo, que canten
las rutas estelares como vibraciones de violines,

como cascos poderosos de caballos, como truenos eléctricos
o dulces deslizamientos de mejillas, como el cris cras
enamorado de los órganos internos en el cuerpo

Como el mugido irreprimible de la Tierra en torno al Sol
propagándose a 29 kilómetros por segundo

Ay, Bach, Brahms y todas sus
variaciones, cientos, que hemos escuchado centenares de
veces, diluyendo el magma,
Ay, la transparencia,
el delirio del tiempo, ragtime, bailar,
movimiento, con la Tierra, moviéndonos, movimiento
–es casi la felicidad–, que
acompaña al Sol a 220 kilómetros por hora a través
de la Vía Láctea y de sus cuatro brazos en espiral,
que la empujan a una velocidad de 2 millones de kilómetros
por hora en dirección a Andrómeda:
la URgencia del abrazo –

"Cada gesto es un sonido" (John Cage, otra vez): así es,
si te pienso, cada entonación es nuestra manera de
movernos, de crear y abrazar el espacio– hay
muchas formas de ser en la vida,
si te amo

Incluso las piedras cantan, rezan en su interior, lanzan
sus tentáculos en ondas y espirales igual que los árboles,
las células nerviosas y las criaturas que reptan o vuelan
o caminan y especialmente las que son capaces de aferrarse
a la Tierra como la propia música,

porque avanzan sin dejar de aterrizar – el movimiento
de las ruedas
siempre conectado a los detalles, la espiral
en reproducción, el tiempo de la vida:

«es algo que se siente
similar realmente a un río»,

explican Julia Watts y Clare Cunningham, que se adentran
cris cras zssum zssum en los bosques
sobre sus sillas de ruedas, que transmiten a sus cuerpos
cada minúscula gradación de la superficie planetaria, –
vibran sus cuerpos y así sus pensamientos cantan la partitura
y ordenan el magma Lo cuenta su poema
"Crip Time and climate crisis" que denuncia el mundo
que no es, la vida largamente simulada
por la Historia de la histOria sobre la hIstoria de…

Escucho a Clare y a Julia y entiendo
el gesto fácil, neuronal e insistente de tus manos en busca
de las ruedas de tu silla, –cordón umbilical en extensión–,
que girando siembran música
como los surcos de los gramófonos primeros

→espirales/mundos
en tus ojos, sin temor a zambullirse en el azar proporcionado
por la vida, cual sea, diferenciándose –
que es eso el amor, –
Dejo que mis pies te sigan, que mis ojos rueden
con tu cadencia, me dispongo
a conocer

METAMORFOSIS (CUERPOS AMADOS)

> «Lo que llamamos especie es solo el conjunto de las técnicas que cada ser vivo tomó prestado de los otros … La vida es siempre la reencarnación de lo no-viviente, el bricolaje del mineral, el carnaval de la sustancia telúrica –Gaia, la Tierra– que no cesa de multiplicar sus rostros y sus modos de ser hasta en la última partícula de su cuerpo dispar, heteróclito». (*Metamorfosis*, Emanuel Coccia)

Lloré por aquel pájaro al que quise y lo entregué al río
y el río cantó. Por la noche, la lluvia comenzó a transformar
en caracola al pájaro y el mar a desgastar la muerte
llenándola de peces y de plumas.
El tiempo ha ido pasando. El tiempo.
Plumas son ya los cuerpos que he amado y me abrigan.
Sus huellas dactilares ponen en movimiento
antiguos temblores, giran y crujen como los vinilos
un poco nostálgicos, conservan los detalles.

También juegan a las metamorfosis
y a las hibridaciones, como si fueran sueños o seres mágicos.
Juegan al escondite dentro del laberinto de los hemisferios
cerebrales y de la red de neuronas que cobija el corazón,
pueden aparecer mordisqueando a ratos las articulaciones
de mis huesos, o en forma de intermitentes bultitos
sospechosos, de repentinos pliegues
geológicos o artísticas arrugas, sinónimo,
me dicen, de la sabiduría acumulada.

Cada cuerpo amado me ha ocupado
y he sido transformada por varias orogenias y explosiones.
Cuesta reconocerme –no me extraña– entre tantos
fragmentos diferentes incrustados en mí, soy por evolución
un ente monstruoso y fantástico, coronada de peces.
Y con plumas.
El tiempo.
Menos mal a las plumas, voy diciendo.
De algunos pedacitos, lo confieso, no sé su procedencia
ni tengo ya interés en descubrirla: hubo amores fantasma,
además de los imaginarios. En muchas ocasiones estos fueron
los más interesantes, como es de suponer,
puesto que en cada imagen volcaba la memoria
de cuantos hasta entonces me habían habitado: algo así,
–pero en mi nube, sin materialidad lumínica–,
como la historia de amor de Alicia Framis
con su holograma AILex (resulta fascinante tan romántica
y práctica experiencia a la vez).
Jamás lloré cuando, uno tras otro, los amores en ruina
mutaban hasta aligerarse en la textura
de estas telarañas de miope que me pueblan los ojos:
no lloré nunca porque nunca supimos amar juntos el mar,
sólo estaban mis ojos para verlo.

Telarañas y plumas, la espesura del tiempo.
He aprendido a poner la memoria del lado del amor.
Así la canción se hace ligera, aunque el cuerpo se vuelva
más pesado: tantos pedazos dándome vueltas dentro,
intercambiando ubicaciones entre mi anatomía
y mis órganos,
tantas naturalezas y materias reprogramándome:

a menudo no es fácil escapar al efecto retroactivo
del recuerdo y a estas alturas ya les permito hacer:
palpo en mis propias carnes los libros
que me han alimentado, los ojos en huida de amantes
sin palabras, las manos cóncavas del amor que se queda,
los brazos constructores de amigas infalibles,
las ramas de los árboles que planté y algunos
se secaron, las voces de las aulas de la infancia,
algunas breves huellas de planetas extraños y lejanos
que añoré, las lunas, sus esquinas ignotas, pero ciertas,
en las que sé que todavía habitaré... y, en fin,
me da rabia perderme los cuerpos del futuro
con sus ampliaciones y aledaños, los gestos no creados
aún de los androides, su dolor, el lenguaje en crecimiento
arquitectónico, la gramática multidimensional
que albergará otros mundos.

Me da un poco, mi amor, de pena que no vaya a poder
quererte en el tiempo algorítmico futuro
en el que lluevan plumas,
el tiempo de los peces y los pájaros, de la navegación
anfibia y las canciones desplegando sus escalas
como arcos iris entre las nubes y el sol,
el del regreso fértil de las metamorfosis.

ENCONTRAR EL POEMA (TAL VEZ)

Encontrar el poema fue después. Cuando tú sin palabras
lo mostraste, entonces fue el poema (crece sin ser notado,
como la luz temprana y los portales entreabriéndose
brumosos todavía a primera hora de la mañana) –

Antes de que el poema fuera, fueron palabras pero nubes,
fueron palabras pero playa, palabras pero hoguera,
pero trenes, veloces automóviles, hábiles trapecistas
y prestidigitadores,
tantas cosas palabras y tal

Porque primero

había que perseverar bajo la lente del microscopio, dejar
caer la red que mantiene los continentes, mudar la piel
del tiempo, jugársela en el espacio cimbreante, resistir allí
como una especie de astronauta loca, retornar luego
buscando el hierro, el centro-centro. Abjurar de los campos
de lavanda y trigo, aunque son hermosos, taladrar
el asfalto, que también es hermoso,
no despertar del sueño cuando ruedas por el acantilado:
hay alas. Tal vez.

Primero había necesariamente
que tal vez

había que encontrar los ojos y escuchar,
las manos y volar, los oídos y decir cuanto no se pronuncia

pero está, preguntarle a los músculos qué recuerdan
y a los órganos corporales internos por su compás,
desplegar los brazos y abrazar
con todo su camino, pues los brazos que abrazan
son el reloj más exacto con su generosidad,
la barrica del tiempo mejor

Había que mirar de frente a comprender y de esa voluntad
hacer bandera (el símil no me gusta, pero aclara y refuerza).
Es decir, había que comer de lo desconocido,
compartirse en lo extraño, donde todo se origina
y confluye de forma verdadera, en la forma de lo que aún no.
Y había que tensar la laringe, como me has enseñado,
como una montaña, como un maremoto,
como una tormenta solar,
catapultando palabras y palabras lo más lejos posible
de sí mismas y su significado.

Había que encontrar el poema
que llega del futuro, allí donde siempre será OtrO y será
el pOema

ÍNDICE

Esta primera edición de *No morir* de Luisa Miñana terminó de imprimirse en Antequera (Málaga) el 19 de julio de 2024, fecha en la que se conmemora el nacimiento de la poeta Alice Ruth Moore Dunbar Nelson.